Marlis Kahlsdorf

Kommst du mit – ich zeig dir Hamburg

BOYENS

Heute ist der letzte Tag vor den großen Ferien im Möwenkindergarten, und Emma verabschiedet sich von ihren Freunden.

Sie freut sich schon darauf, ihren Freund, den Raben Max zu besuchen, den sie letztes Jahr am Strand kennengelernt hat.

Vor ein paar Tagen brachte der Postbote ihr einen Brief von Max. Der wohnt im Alten Land an der Elbe, wo es ganz viele Obstbäume gibt.

Max lädt seine Freundin ein, ihn in den Ferien zu besuchen – und er hat eine Überraschung vorbereitet. Was er wohl vorhat?

Damit Emma nicht alleine fliegen muß, wird sie von ihrem Opa begleitet, der im Alten Land seine Freunde besuchen möchte.

Sie fliegen schon ganz früh los und sehen von oben die Schiffe auf der Elbe, Häuser und Kirchtürme – winzig klein.

Als sie schließlich im Alten Land ankommen, brauchen sie nicht lange nach Max und seiner Familie zu suchen. Lautes Gekrächze weist ihnen den Weg.

Und tatsächlich, da sitzt Max mit seiner Familie in einem Baum! Emma freut sich riesig!

Am nächsten Morgen verabschiedet sich Opa Möwe von den Freunden.

Endlich erfährt Emma, was Mäxchen geplant hat. Er will mit ihr einen Ausflug in die große Hansestadt Hamburg machen! Bald schon geht es los.

Als erstes wollen Emma und Max zum Tierpark Hagenbeck und folgen deshalb einem blauen Wegweiser mit einem weißen Vogel drauf.

Als sie dann aber auf dem Flughafen Fuhlsbüttel inmitten der riesigen Flugzeuge landen, bekommen sie einen gewaltigen Schrecken. Das Abenteuer Hamburg fängt ja gut an!

Endlich stehen sie dann doch vor dem schönen alten Tor mit den Elefantenköpfen in Hagenbecks Tierpark.

„Moin, ihr beiden!", ruft ihnen ein knallroter Papagei entgegen. Er lädt die Freunde ein, mit ihm den Zoo und die vielen großen und kleinen Bewohner zu erkunden.

Der Papagei stellt Emma und Max seine südamerikanische Papageienverwandtschaft vor.

Er erzählt, dass er Amigo heißt und vor langer Zeit mit einem Schiff im Hamburger Hafen ankam. Als ein Seemann ihn im Zoo abliefern wollte, büxte er aus, und nun lebt er fröhlich in den Tag hinein.

Am Elefantengehege bestaunen die Freunde das kleine Elefantenbaby. Und schwupps, schon hat die Elefantenmama mit ihrem langen Rüssel Amigos Banane stibitzt!

„Ich habe eine Idee", ruft Amigo, „laßt uns doch einen Stadtbummel machen. In Hamburg kann man viele tolle Sachen erleben!"

An der Binnenalster staunen Emma und Max über das viele Wasser mitten in der Stadt. Dort schippern Alsterdampfer.

Gerade haben sie das riesige Rathaus im Hintergrund entdeckt, als Amigo schon einen neuen Vorschlag hat: „Wart ihr schon mal auf dem Hamburger DOM?", fragt er.

Der Hamburger DOM ist ein riesiger Jahrmarkt, auf dem man sich stundenlang amüsieren kann.

Als erstes holen sich die drei Freunde leckere Zuckerwatte, klettern in die Gondel eines Riesenrades und genießen den Ausblick. Emma freut sich über ihr Geschenk von Max: ein Lebkuchenherz!

Anschließend wollen Emma, Max und Amigo natürlich auch in die Geisterbahn.

Schön gruselig ist es da bei den Gespenstern und den anderen schaurigen Gestalten, die dort ihr Unwesen treiben. Nur gut, dass Amigo dabei ist!

Noch ganz aufgeregt machen sich die drei Freunde auf den Weg zu „Planten un Blomen".

In dem schönen Park entdecken sie einen tollen Spielplatz, auf dem sie jetzt nach Herzenslust toben.

Es ist spät geworden, und so langsam werden Emma, Max und Amigo müde. Sie suchen sich einen Schlafbaum am Parksee.

Als sie gerade eingeschlafen sind, erklingt Musik und bunt beleuchtete Wasserfontänen bewegen sich dazu im Takt auf dem See. Ganz verzaubert schauen die Freunde zu. „Das ist aber schön!", seufzt Emma.

Am nächsten Morgen fliegen die Freunde zum Hafen. Sie kommen am bekanntesten Wahrzeichen Hamburgs vorbei, dem „Michel".

Der „Michel" ist der Turm der St. Michaeliskirche. Er ist 132 Meter hoch, und von der Aussichtsplattform hat man einen prima Blick auf den Hafen und die Stadt.

An den Landungsbrücken setzen sich Emma, Max und Amigo erstmal auf einen Poller, um ein wenig Hafenluft zu schnuppern.

Sie beschließen, gemeinsam eine Hafenrundfahrt zu machen. Eine gute Idee, denn der Hamburger Hafen ist so groß, dass man vieles nur vom Schiff aus entdecken kann.

Sie kaufen sich ein Eis, besteigen eine Hafenbarkasse und los geht´s! „Seht ihr das große Schiff da hinten?", fragt Amigo.

Er erzählt Emma und Max, dass im Hamburger Hafen jedes Jahr ungefähr 13.000 Schiffe mit Waren aus aller Welt einlaufen – eine unvorstellbare Menge, finden sie und machen große Augen.

Einen Teil des Hafens wollen sich die Freunde nun von oben ansehen. Sie folgen einer Lotsenmöwe, die ihnen zeigt, wie die riesigen Containerschiffe beladen werden.

Emma ruft: „Das sieht ja aus wie ein Spielzeugdampfer mit vielen kleinen Schachteln obendrauf!"

Als Emma, Max und Amigo wieder auf dem Boot sitzen, entdecken sie ein stolzes Segelschiff. Es ist die „Rickmer Rickmers", die vor über 100 Jahren gebaut wurde.

Früher segelte der Dreimaster durch Wind und Wetter über die Weltmeere, um seine Fracht wie Reis oder Bambus aus fernen Ländern nach Europa zu bringen.

Gespannt beschließen die drei Freunde, den Großsegler zu besichtigen. An Deck gefällt es ihnen zwischen Steuerrad und Kompass besonders gut.

Sie schauen sich in den Laderäumen um und besuchen die Kojen, in denen die Matrosen während der langen Seereisen schliefen. Jetzt können sie sich gut vorstellen, wie hart das Leben auf einem Windjammer gewesen sein muß.

Nun wollen sich Emma, Max und Amigo die historische Speicherstadt mit den hohen Lagerhäusern aus rotem Backstein genauer anschauen.

Schmale Kanäle, die in Hamburg Fleete genannt werden, durchziehen das Gebiet, so dass ma die Speicher über Luken und Seilwinden auch von der Wasserseite aus erreichen kann.

Neugierig fliegen die Freunde in die Luke eines solchen Speichers. Hier riecht es so toll nach fremden Gewürzen! „Das muß das Gewürzmuseum sein!", meint Amigo.

In der Speicherstadt werden aber nicht nur Gewürze, sondern alle möglichen Waren aus der ganzen Welt gelagert, wie zum Beispiel Kakao, Kaffee, Tee, Tabak und Teppiche.

Als die Freunde noch ein wenig durch den Hafen bummeln, ruft plötzlich jemand: „Amigo, bist du's wirklich?"

Es ist der Schiffskater Johnny, mit dem der Papagei damals nach Hamburg kam. Was für eine Überraschung nach all der Zeit!

Johnny lädt die Freunde zu einer Schiffsbesichtigung auf seinem Heimatschiff ein. Sie schauen sich auf der Brücke des Containerschiffes um. Plötzlich merken sie, dass das Schiff abgelegt hat.

Für Emma und Max wird es nun langsam Zeit, wieder nach Hause zu fliegen. Ein bißchen traurig verabschieden sie sich von ihren neuen Freunden Amigo und Johnny.

In Wedel fliegen Emma und Max dann von Bord. Amigo aber geht auf große Fahrt mit seinem alten Kumpel Johnny.

An der Schiffsbegrüßungsanlage Willkommhöft wird das auslaufende Schiff gerade mit einem lauten „Auf Wiedersehen!" und der Nationalhymne verabschiedet. Lange winken die Freunde noch und schauen dem Schiff hinterher.

Als sie schließlich wieder im Alten Land ankommen, werden Emma und Max schon von Opa Möwe und Mäxchens Familie erwartet.

Gerne denken sie an ihre Abenteuer in Hamburg zurück und natürlich an ihre neuen Freunde Amigo und Johnny. Sie nehmen sich vor, bald mal wieder nach Hamburg zu fliegen, denn sie haben noch lange nicht alles gesehen!

Texte: Sylvia Scholz

ISBN 3-8042-1128-3
© 2003 Boyens Medien GmbH & Co. KG, Heide
2. Auflage 2005
Herstellung und Druck: Boyens Offset
Printed in Germany

Wir danken dem Tierpark Hagenbeck für die freundliche Unterstützung.